CHANSONS
PARISIENNES

par

FERNAND DESNOYERS

Prix : Un Franc

PARIS

E. PICK DE L'ISERE, Éditeur,

5, Rue du Pont-de-Lodi, 5.

1865

CHANSONS
PARISIENNES

CHANSONS
PARISIENNES

PAR

FERNAND DESNOYERS

PARIS
E. PICK DE L'ISÈRE, ÉDITEUR
5, rue du Pont-de-Lodi, 5.

1865

Ces chansons ne sont pas précisément des chansons, au moins pour la plupart; ce sont de petites poésies auxquelles, à cause de leur peu d'importance, j'ai donné ce titre. — Les négligences et les enfantillages qu'on y trouvera sont des fautes d'extrême jeunesse, fautes que je laisse justement parce qu'elles sont *jeunes*. Je n'ai pas besoin d'expliquer le mot: PARISIENNES.

On verra tout de suite que ces chansons ont été vécues dans Paris et dans les environs. Leur musique se vend chez M. Toubon, rue du Pont-de-Lodi, 5, et chez M. Viellot, rue Notre-Dame-de-Nazareth, 32.

Ce Recueil sera suivi de quatre autres petits livres qui seront intitulés : 1º le VIN; 2º POÉSIES FANTASQUES ET FANTASTIQUES ; 3º POÉSIE INTIME ; et 4º LES VERS DE L'INDIGNATION, satires.

F. D.

13 mars 1865.

MONSIEUR RUFIN

Musique de M. Darcier.

Blonde fille à peine fleurie,
Chanson de Dieu, voilà Marie.
Au printemps, deux larmes des cieux
Avaient mis l'azur dans ses yeux.
L'or ondé de sa chevelure
Semblait jeter sur sa figure
Des rayons de soleil. Enfin,
Elle plut à monsieur Rufin.

Ils s'aimèrent sans se connaître,
Un jour d'avril, par la fenêtre,
Au milieu du concert mouvant
Des oiseaux semés dans le vent.
Marie, au soleil, un dimanche,
Eclose bras nus, rose et blanche,
Sous un grand chêne, à Saint-Germain
Prit pour époux monsieur Rufin.

Pendant six mois ce fut tout rose.
L'amour, c'est toujours même chose :
C'est toujours ce même vin vieux
Qu'on boit dans un seul verre, à deux.
C'est encore aussi, quoi qu'on dise,
Le seul vrai bonheur, car il grise....
Puis, avec le fumet du vin,
S'évapora monsieur Rufin.

Marie en eut bien de la peine ;
Elle attendit une semaine,
Toute tremblante au moindre pas...
Ce qu'elle attendit ne vint pas.
Alors elle prit de la braise,
Souffla, puis s'assit sur sa chaise,
Et là, ce qu'elle attendit — vint...
Ce n'était pas monsieur Rufin.

Août 1849.

LOULOU

Musique de M. Darcier.

Un jour qu'il ébauchait l'été,
Le bon Dieu, dans son paysage,
Pour jeter un peu de gaité,
Mit Loulou, fille de passage.

Loulou semble née à vingt ans,
On dirait qu'elle vient d'éclore ;
Elle a des reflets de beau temps,
Un rayon de soleil la dore.

Comme la fleur des champs, Loulou
Semble demander qu'on la cueille ;
Elle répond toujours : beaucoup
Au gentil amant qui l'effeuille.

Loulou ne se pare jamais ;
Elle n'est pas du tout coquette :
A quoi bon les soins et les frais ?
La nature a fait sa toilette.

Loulou pourrait aller au bois,
Dans un équipage superbe,
Tout comme une autre ; mais pourquoi ?
Les fleurs vont bien à pied, sur l'herbe.

Puis il faudrait, dans un chapeau,
Emprisonner sa fraîche tête :
Il s'envole comme un oiseau
Son petit bonnet de grisette.

Loulou ne tient qu'aux amoureux,
N'eût-elle plus qu'une chemise,
Elle la donnerait. — Tant mieux :
Elle n'en serait que mieux mise.

Loulou n'aura jamais le sou,
De quoi voulez-vous qu'elle vive ?
De l'air du temps, un peu de tout,
N'y songeant pas, quoi qu'il arrive.

ENVOI.

Vous n'aimez pas les gens de loin ;
Dans votre cœur, pourtant, je gage,
Loulou, qu'il est un petit coin,
Où repose en paix mon image.

Je ne sais où vous demeurez ;
Vous n'avez jamais eu d'adresse ;
J'ignore si vous chanterez
Ma chanson ; mais je vous l'adresse....

Janvier 1850.

DIMANCHE

C'est dimanche aujourd'hui, Loulou,
Allons courir la pretantaine.
A nous les bois, à nous la plaine,
Puisqu'ils ne coûtent pas un sou.

Es-tu jolie, en robe blanche!
Qu'il te va bien ce casaquin!
Pour être aussi beau que dimanche,
Moi, je m'habille de nankin.

C'est dimanche aujourd'hui, Loulou,
Allons courir la pretantaine.
A nous les bois, à nous la plaine,
Puisqu'ils ne coûtent pas un sou.

Promenons-nous dans les campagnes,
Comme les boutons d'or mêlés
Aux pâquerettes leurs compagnes,
Partout ruisselle l'or des blés!

C'est dimanche aujourd'hui, Loulou,
Allons courir la prétantaine.
A nous les bois, à nous la plaine,
Puisqu'ils ne coûtent pas un sou.

Si le soleil nous met en nage,
Dans les prés qu'embaume le foin,
Dans la forêt du voisinage
Nous serons au frais sans témoin.

C'est dimanche aujourd'hui, Loulou,
Allons courir la prétantaine.
A nous les bois, à nous la plaine,
Puisqu'ils ne coûtent pas un sou.

Mettons-nous à table sur l'herbe.
Ce petit bleu me paraît bon.
Je t'aime ; il fait un temps superbe,
Et nous possédons du jambon !

C'est dimanche aujourd'hui, Loulou,
Allons courir la prétantaine.
A nous les bois, à nous la plaine,
Puisqu'ils ne coûtent pas un sou.

Sous les feuilles cherchons la fraise ;
Hâtons-nous, c'est demain lundi,
Cueillons, mangeons tout à notre aise,
La forêt nous fera crédit.

C'est dimanche aujourd'hui, Loulou,
Allons courir la prétantaine.
A nous les bois, à nous la plaine,
Puisqu'ils ne coûtent pas un sou.

Entends-tu danser le village ?
Les airs du vieux ménétrier
Passent à travers le feuillage ;
Nous pouvons danser sans payer.

C'est dimanche aujourd'hui, Loulou.
Allons courir la prétantaine.
A nous les bois, à nous la plaine,
Puisqu'ils ne coûtent pas un sou.

Il faudrait nous remettre en route,
Mais comment faire sans argent ?
Pour nous qui n'avons pas la goutte.
Le clair de lune est engageant!...

C'est dimanche aujourd'hui, Loulou,
Allons courir la prétantaine.
A nous les bois, à nous la plaine,
Puisqu'ils ne coûtent pas un sou !

Juin 1870.

ADIEU A UN AMI

Allons, mon vieux, le destin crie : en route !
Voilà ta pipe, amorce, bourre et feu !
Quand les amis auront payé la goutte,
Un serrement de main, et puis... adieu !

Mon compagnon, laisse ta chaise en place :
Ton souvenir du moins y reste assis !
Au coin du feu que lui seul te remplace !
Il nous fera, le soir, de vieux récits...

Je ne puis pas me faire à la pensée
De ne plus voir l'ami de chaque instant,
Ni croire encor la somme dépensée
De nos beaux jours; je m'en souviens pourtant.

Lorsque tes yeux, fixés sur le Bosphore,
Verront voguer les rêves de ton cœur,
Un blond tableau, comme une fraîche aurore,
S'élèvera des eaux chantant en chœur.

Dans ce tableau, mirage de ton âme,
Tous tes bonheurs seront répercutés.
Puis des mains d'homme et des baisers de femme
T'effleureront, par la brise apportés.

A l'horizon, fond brumeux de la toile,
Fume et bleuit l'ébauche de Paris...
Ne vois-tu pas le rayon d'une étoile
Illuminer des visages chéris !

Un ange tient la lanterne magique,
Et, sous tes yeux, aux sons des harpes d'or,
Fait défiler le monde fantastique
Des jours passés qui repassent encor.

Ainsi, nos jours, flots qu'une main sépare,
S'écouleront, vers la rive emportés,
Aux clairs rayons de ce lumineux phare
Que Dieu fait luire aux cœurs désenchantés.

Vois, tout d'un coup, le spectacle sublime
Qui, dans le fond, fuyait, presqu'effacé,
S'est rapproché : le grand tableau s'anime,
Le flot se joint à son flot dispersé !...

Mars 1851.

UN ATELIER DE DEMOISELLES

Musique de M. Darcier.

On voit toujours trois jeunes filles,
Des aiguilles au bout des doigts,
Des chansons au bout des aiguilles,
Coudre et chanter tout à la fois.
Puis quand Dieu fait un beau dimanche,
Elles laissent voler leurs chants
    De branche en branche ;
Au grand soleil, en robe blanche,
Elles vont courir dans les champs.

Un marronnier courbé par l'âge,
Où l'amour a fait plus d'un nid,
Offrit l'ombre de son feuillage
A celui d'Elisa-Nini.
Aux oiseaux des beaux jours mêlée,
Elle aima, comme eux, en plein air,
    Sous la feuillée ;
Comme eux, elle s'est envolée
Au premier frisson de l'hiver.

Quant à Jeanne, c'est une brune
Qui n'aime pas à promener
Ses amours au clair de la lune ;
Un beau jour, après déjeuner,
Un peintre, avec sa cigarette,
Alluma l'incendie au cœur
    De la pauvrette....
Il soufflait un vent d'amourette
Dans la chambre de son vainqueur....

La Reine, c'est la Berrichonne,
Vous la verrez, si vous voulez,
A ma fenêtre, et sa couronne,
Au printemps, fleurit dans les blés.
L'amour qui bat sous son corsage
N'y fait pas le plus petit pli,
    Car elle est sage.....
C'est encore un épais feuillage
Qui fut un soir son ciel de lit.

Mai 1851.

AMOUR D'ÉTÉ

Le vent du soir a des senteurs
De syringas et d'aubépine ;
Voilà que le printemps en fleurs
Gravit lestement la colline.

Il grimpe aux tilleuls, aux ormeaux,
Il parcourt les bois et la plaine,
Et lâche les petits oiseaux
Au milieu de sa tiède haleine.

Il va, le soleil à la main,
Et le suspend sur la nature ;
Tout ce qu'il trouve en son chemin
Devient fleur, chanson ou verdure.

On sent dans l'air une fraîcheur
Qui souffle doucement sur l'âme ;
On a le printemps dans le cœur ;
On a l'amour, il faut la femme.

Voilà pourquoi je devins fou
De Berthe — une ancienne adorée.
Au mois de mai, je ne sais où,
Par une bleuâtre soirée.

Berthe, c'est ma première nuit ;
Dans le passé c'est une étoile :
— Je la vois encore aujourd'hui,
Quand l'amour eût levé la toile....

Dans les plaines et dans les bois
Nous promenions notre aventure.
Et notre amour, plus d'une fois,
A fait son lit dans la verdure.

Tant que les beaux jours ont duré,
Nous allions, tous deux, en cachette...
Dans les bois de Ville-d'Avray,
Elle a grandi notre amourette.

Le bon Dieu se mit du complot,
Il nous fit un printemps superbe.
J'aimai ma belle au bord de l'eau
Et je l'idolâtrai dans l'herbe.

Pouvais-je ne pas l'adorer ?
Je voyais toujours son visage,
Sa tête brune s'encadrer
Dans les clartés d'un paysage.

Devant le bleu de l'horizon.
Sur sa bouche ronde et sonore
Ma bouche baisait la chanson
Que le beau temps faisait éclore.

Les cigales chantaient aussi
Dans l'or des épis de la plaine :
Et moi je buvais sans souci
La volupté dans son haleine....

L'été maintenant est fini ;
La campagne semble sa tombe ;
La dernière feuille a jauni,
Et voilà notre amour qui tombe.

Le froid griffe et mord mes carreaux ;
Il voudrait entrer dans ma chambre.
— Assis derrière mes rideaux,
Je regarde rager décembre.

Berthe, dit-on, aime un neveu
D'Amérique, — amour d'hirondelle,
Et moi je fume au coin du feu
Mon cigare — et je me rappelle....

1852

MADAME FONTAINE

Musique de M. Al. Schanne.

C'est près du pont de Chatou
    Qu'on verrait sans peine
Couler ses jours jusqu'au bout
    Au gré de la Seine !
Là, dans la fraîcheur du soir,
Sur la berge vient s'asseoir

    Madame Fontaine
        O gué !
    Madame Fontaine.

Nous revenions en bateau
    D'une île prochaine ;
Le soleil brouillait dans l'eau
    Sa figure pleine...
Qu'il est chaud, qu'il est joyeux,
Le rayon qu'a dans les yeux

    Madame Fontaine
        O gué !
    Madame Fontaine.

Dans l'onde les avirons,
   Relevés à peine,
Plongeaient en faisant des ronds,
   Et, de leur antienne,
Accompagnaient la chanson
Que chantait, en bon garçon.

   Madame Fontaine
      O gué !
   Madame Fontaine...

On voyait pétiller l'or
   Des blés dans la plaine ;
Mais de grands saules au bord,
   Au bord de la Seine,
Formaient, penchés sur le jour,
Une verte ombrelle pour

   Madame Fontaine
      O gué !
   Madame Fontaine.

La demoiselle, sur l'eau,
   Changeante, incertaine,
Suivait, piquait le bateau ;
   L'eau verte et sereine
Dans son limpide miroir
Nous faisait doublement voir

   Madame Fontaine
      O gué !
   Madame Fontaine.

Les prés, les vallons, les bois,
 Déroulaient leur chaine ;
La brise apportait parfois
 Leur champêtre haleine ;
Notre canot avançait
Et doucement balançait

 Madame Fontaine
  O gué !
 Madame Fontaine.

Touffus, montant jusqu'aux cieux,
 Bougival, Lucienne,
Verdoyaient devant nos yeux ;
 Notre capitaine
A diner nous invitait...
Ce gentil patron, c'était

 Madame Fontaine
  O gué !
 Madame Fontaine.

A Bougival, chez Souvent,
 Qu'il vous en souvienne !
Il faut qu'on aille, et souvent
 Il faut qu'on revienne !
Qu'il fût de diners suivi
Le diner que nous servit

 Madame Fontaine
  O gué !
 Madame Fontaine.

Du soleil, de l'air, de l'eau !
Que Dieu me ramène
Dans ce lumineux tableau
Dont ma vue est pleine !...
Je vois toujours, au milieu
Des champs verts, sur un fond bleu,

Madame Fontaine,
O gué !
Madame Fontaine.

Septembre 1852.

ÉPITHALAME DE LISON

Musique de M. Aug. Pellé.

Lison va légitimement
  Se marier. — Comment?
Contre qui? — Contre son amant ;
  Elle devient sa femme.
  — Présentons poliment
  Nos respects à Madame.

Lison, jadis, comme un garçon,
  Entonnait sans façon,
Retroussait même la chanson
  Qu'à présent elle blâme.
  Tout bas pourtant, Lison
  La fredonne à Madame.

Autrefois, Lison parlait gras,
  Et, sans trop d'embarras,
Lâchait des cuirs gros comme un bras!...
  Elle en fait toujours... — Dame!

Lison, tu passeras
Quelques cuirs à Madame.

Lison, ces noces-là, vois-tu,
Font mal à ta vertu ;
C'est positif comme un écu,
En couronnant sa flamme,
Tu vas faire un cocu
De l'amant de Madame.

A chaque pas, par accident,
Contre un antécédent,
Lison, heurtant son air pédant,
Soutient qu'on la diffame…
— Et Lison, cependant,
Valait mieux que Madame

Décembre 1852.

UN MARIAGE DANS LES BLÉS

Musique de M. Alex. Schanne.

Voici l'été : la plaine est blonde,
Et le soleil de messidor,
Allumant la chaleur féconde,
Fait pétiller les épis d'or.

Les grands blés se dressent en face
Du soleil, sous un ciel bleu-clair ;
Un frisson parcourt leur surface
Au plus léger baiser de l'air.

Les martinets, les hirondelles
Volent au-dessus des moissons,
Fendant l'espace à tire-d'ailes
Et le remplissant de chansons.

Quand il fait beau, Dieu veut qu'on s'aime,
Les amours aux fleurs sont mêlés,
Et, de la même main, il sème
Amants et bleuets dans les blés.

Deux enfants, Pierre et Madeleine,
Ainsi que deux fleurs, en plein jour,
S'épanouissent dans la plaine...
Le beau temps du cœur, c'est l'amour...

A leurs pieds s'étend la verdure ;
Ils posent à peine leurs pas
Pour mieux écouter la nature
Et leurs cœurs qui causent tout bas.

Tous deux rayonnent de jeunesse,
Le bonheur jaillit de leurs yeux ;
Ils imprègnent l'air d'allégresse :
Le paysage est tout joyeux.

Le soleil pour eux semble luire
Et sur eux paraît reflété ;
Ils entendent des voix leur dire :
« Aimez ! aimez en liberté ! »

« Embrassez-vous ; laissez-vous faire ;
» Tout ce qui part du cœur est bien.
» Vous fâcherez, Monsieur le Maire,
» Mais le bon Dieu ne dira rien. »

« Il suffit qu'au fond de votre âme,
» Pour vous l'amour prie à genoux ;
» Alors, Pierre, elle est bien ta femme ;
» Madeleine, il est ton époux. »

Que voulez-vous que je vous dise ?
Leurs vœux furent bientôt comblés...
Les champs sont la plus belle église :
Ils s'épousèrent dans les blés...

La nature leur faisait fête
Et jetait des fleurs autour d'eux.
Les blés sous l'air, courbant leur faîte,
Semblaient les bénir tous les deux.

Les cigales chantaient la messe ;
L'encens, ce fut l'odeur des foins.
Pour dot, l'amour donna l'ivresse...
Les nuages furent témoins...

1851.

EFFETS DE PRINTEMPS

Musique de M. O. Métra.

Le printemps recommence
Dans les champs, dans les cœurs,
Eternelle semence
Des amours et des fleurs.
Quand on voit la nature
Au grand soleil germer ;
Quand on sent la verdure,
On a besoin d'aimer.

Dans la forêt tranquille,
Les rayons printaniers
Tachètent d'or mobile
La mousse des sentiers.
Les oiseaux et les mouches,
Les feuillages, les sons,
Les baisers sur les bouches
Eclosent en chansons !

Tout, pour aimer encore,
Renaît jusqu'aux méchants.
On sent son cœur éclore
Comme une fleur des champs.
Bleuets et pâquerettes
Sont les amours des prés.
D'amours et d'amourettes
Les cœurs sont diaprés.

Le lilas, l'aubépine,
Exhalés dans le vent,
Emplissent ma poitrine
D'un arôme mouvant.
Cette brise est l'haleine,
L'haleine du passé.
Une senteur ramène
Le bonheur effacé.

La joie et la tristesse,
De même qu'une fleur,
Ont leur parfum qui laisse
Un souvenir au cœur.
Toujours quelque musique,
Quelque parfum toujours,
Fluide sympathique,
Se mêle à nos amours.

Dans le parfum qu'épanche
Le syringa, je vois
Mimi, vision blanche,
Revenir d'autrefois :
Dans l'allée embaumée
Par les syringas blancs
Où je l'ai tant aimée,
Nous marchons à pas lents...

La voix toujours lointaine
Du coucou dans les bois
Me fascine et m'entraîne
Au bonheur d'autrefois.
Ma belle berrichonne
Qu'ombragent les bouleaux,
A l'amour s'abandonne
Comme une barque aux flots.

Les wagons, dans l'espace,
S'élancent emportant
Paris-aimant qui passe
Comme un trait, en chantant.
Au bord de l'eau se mire
Un joyeux cabaret
Que le beau temps fait rire
Avec du vin clairet.

Sur la Seine qu'il dore,
Dans les bois, dans les prés,
Le soleil fait éclore
Des amoureux parés.
Sur l'eau les hirondelles
Effleurent les bateaux
Et les vertes ombrelles
Et les roses chapeaux.

Quand j'ouvre ma fenêtre,
Un bon air, le matin,
Me remplit de bien-être
En m'effleurant le teint.
Le beau temps recommence
Mais non pas les beaux jours,
Voici les fleurs, Hermence,
Mais où sont nos amours ?

Mai 1855.

MIMI DANS LE PARC DE VERSAILLES

Musique de M. O. Métra.

De lueurs d'or environnée,
Un jour, dans l'éclat du beau temps,
Mimi, joyeuse, illuminée,
Robe blanche aux rubans flottants,

Allait, penchant sa tête blonde
Sur mon épaule ; elle semblait
Suivre son cours ainsi que l'onde,
Et comme elle aussi babillait.

Oh ! nous étions heureux de vivre
Et d'aller, tous deux, frétillant
Dans l'incandescence de cuivre
De l'air électrique et bouillant.

C'était à Versailles ! — Les marbres
Nous voyant passer radieux,
Eux qui restent entre les arbres,
Nous suivaient longuement des yeux.

Les marronniers couchaient leur ombre
Tranquillement sur le gazon ;
Il faisait si frais et si sombre
Sous leur feuillage en floraison,

Qu'il nous semblait, divin mystère
Dont s'enveloppait notre amour,
Que nous marchions, loin de la terre,
Dans la nuit, à côté du jour.

Près des roches où les naïades
S'empressent autour d'Apollon,
Parmi des parfums doux et fades
Que faisait vibrer le frelon,

Nous nous sommes assis sur l'herbe,
Au pied des syringas fleuris ;
Au loin, l'eau retombait en gerbe...
Et nous écoutions, attendris,

La musique de la nature,
Les oiseaux ivres de beau temps,
L'air circulant dans la verdure,
Les bois et les lointains chantants.

Une fauvette harmonieuse
Semblait nous peindre dans ses chants
La saison blonde et radieuse
Qui mettait en fête les champs.

Un jour d'amour, la moindre chose
Se grave dans le souvenir ;
Un souffle, une haleine de rose
Peut embaumer notre avenir.

Dans des flots blancs de mousseline,
Sur le gazon tacheté d'or,
Parmi des senteurs d'aubépine,
A la fois Mimi veille et dort....

Sur l'herbe étendue, et bercée
Aux doux bourdonnements du jour,
Calme, elle écoute sa pensée
Qui lui parle tout bas d'amour.

Assis près d'elle, je la presse
Doucement sur moi ; dans mes yeux
Elle contemple ma tendresse,
Comme dans l'onde on voit les cieux.

Oh ! Mimi ! Mimi ! que je t'aime !
Que ne puis-je arrêter le temps ?
Mais du moins j'emporte en moi-même
L'éternité de ces instants.

Oh ! l'humidité de ta bouche !
Oh ! le sourire de tes yeux !
Oh ! tes frais cheveux que je touche
A travers le temps déjà vieux !

Transfigurés dans leur délire,
Les amoureux comme les morts
Ont un ineffable sourire...
Nos âmes fondaient dans nos corps...

Hélas ! en vain je me cramponne
A ces rêves qui ne sont plus.
Dans mon cœur n'habite personne,
Ce sont des contes que j'ai lus.

Pourtant, ô Mimi, quand je passe,
Seul, au mois de mai, dans les bois,
Les feuilles causent à voix basse...
Dans les verdures je te vois...

Juin 1855.

A TITINE

Viens me baiser, Titine,
Cela me rend content.

Prête-moi ta poitrine
Rien qu'un petit instant.

Cela n'est pas, Titine,
Pour toi bien important.

Mais la plus riche mine,
Pour moi, dans l'Indoustan,

Ne vaut pas, ô Titine,
Ton baiser crépitant.

Prête-moi ta poitrine
Rien qu'un petit instant.

Ta bouche purpurine
Me fait envie autant.

Viens me baiser, Titine,
Cela me rend content.

Ne me fais pas la mine,
Helas ! je t'aime tant !

Laisse ma main câline
Sur ton sein palpitant,

Cela n'est pas Titine,
Pour toi bien important.

Août 1855.

LES RODEURS DE NUIT

Musique du maître-peintre Courbet.

    Quand le bourgeois dort,
      Il fait soif encor,
   Passons la nuit à boire !
    La rue est toute noire ;
Mais les vitraux des boulevards
Sont en feu, comme des regards.
    Atmosphère enflammée,
    Filles dans la fumée,
     Eau-de-vie et bruit,
     Voilà notre nuit !

    Boire est le vrai bien !
     Après, il n'est rien,
   Rien, sinon boire encore,
   En attendant l'aurore.
Les pâleurs de l'aube viendront
Baiser les pâleurs de mon front...

Deviens jalouse, Hermence,
De l'aube et prends l'avance.
　Après ton amour,
　Que fera le jour ?

　J'aperçois les yeux
　De Titine aux cieux :
　Ce sont ces deux étoiles...
　Amis, carguez les voiles !
Allons faire un tour ou détour
Dans les bleus pays de l'amour.
　Enfle ta crinoline,
　O ma belle Titine,
　　Prenons notre essor,
　　En buvant encor !

Il faut de l'argent
　Pour boire en mangeant
Et partir en voyage.
La femme est un bagage.
Je l'abandonne aux hommes d'or
Et je prends tout seul mon essor.
　Allons, gens de la Bourse,
　Acceptez-vous la course ?
　　Ce voyage en l'air
　　Ne coûte pas cher.

Buvons et mangeons,
Dans le vin plongeons,
La tête la première,
Comme dans la rivière,
Quand l'été montre sa vigueur.
Le vin met l'été dans le cœur.
Je vois des paysages
Encadrer nos visages ;
Je hume, en buvant,
L'été dans le vent.]

Voilà que la nuit
Frissonne et s'enfuit...
Le jour lui prend la taille.
Le jour est bien canaille.
La nuit est faite pour veiller,
Pour manger, boire et ripailler.
Allons chez d'autres hôtes
Et cassons-leur les côtes,
S'ils ne dressent pas
Un ou deux repas !

Ohé ! les amis !
Mon bras est démis
Tant je frappe à la porte.
Enfonçons-la, qu'importe !

Soupons encore jusqu'au soir,
Et passons le jour sans le voir.
Il faut être solide.
En voilà du liquide
Que nous absorbons!
Nous sommes tous bons!

Décembre 1888.

LE NAIN DE LA BOUTEILLE

Musique d'Alexandre Schanne.

Je dis que le vin de Corton
Est fort ; c'est un vin de génie.
Il est aussi doux qu'un mouton ;
Il est plus joli qu'Eugénie !

Il a des couleurs de soleil,
D'aurore et de soir mélangées.
Teinté de bleu, noir et vermeil,
Il a des clartés orangées.

Comme il a le regard clairet
Lorsqu'en buvant, je le fais rire !
Il me voit, et même on dirait
Qu'il a quelque chose à me dire.

Il m'amuse, il sait m'égayer :
Alors je me conte des contes,
Des contes faits pour oublier
Tous les mémoires et les comptes.

Je me chante de vieux noëls ;
Je me fais éclater de rire,
Tous mes mots sont spirituels.
Je me plais à me les redire.

Je suis le vin, le vin c'est moi ;
Je me double de sa personne.
Il est tout puissant ; j'ai la foi :
Je bois ; jamais je ne raisonne.

Je me dis tout sans m'offenser ;
Je ne suis ni méchant ni bête.
Le vin ne me fait pas lancer
Les verres vides à ma tête.

Plus de poses, plus de façons !
Devant le vin, je suis moi-même.
Je prends l'embonpoint des chansons
Et la couleur du vin qui m'aime.

Dans le gros ventre vert et rond
De la bouteille bourguignonne,
Je vois un petit potiron :
C'est l'abdomen d'une personne,

D'un nain dont le crâne pointu
Monte au ciel; la bouche est énorme.
Il me regarde. — « Que veux-tu,
Petit être gai, mais difforme? »

Par ses cheveux droits entraîné
Dans le goulot de la bouteille,
Tout s'allonge en lui, hors le né,
Qui me paraît une merveille ;

Une merveille de santé,
De couleur, d'ampleur et de joie.
Le nain pour boire est tout porté ;
Même je crains qu'il ne se noie.

Serait-il le dieu des gens gris ?
Non, c'est le vin qui fait ma charge.
Le petit rit dès que je ris ;
C'est moi, mais la bouche est trop large.

C'est un grand peintre que le vin,
Un poëte ! — A force de boire,
Je veux, si ce n'est pas trop vain,
Comme lui, me couvrir de gloire !

Décembre 1858.

LE DÉPART DES SOLDATS

Musique de M. Darcier.

La France, quoique sans rancune,
Bonne fille à cause du vin,
N'est pourtant pas comme la lune :
On ne l'insulte pas en vain.
Elle met la main, dès qu'on triche,
Sur les cartes et sur l'enjeu.
Monsieur l'ambassadeur d'Autriche
N'a qu'à filer sans dire adieu.

Un cri, malgré les diplomates,
Aux armes ! dans l'air est lancé,
Et sur les plumets écarlates
Le vent de la guerre a passé.
Les faisceaux sont rompus ; en ligne !
Le fantassin français est prompt.
Le capitaine toujours digne
Tire son sabre en criant : front !

Sonnant sur le front de bandière,
Les fusils, en alignement,
Lancent un vif jet de lumière,
En se levant d'un mouvement.
Les cymbales, la grosse caisse,
S'impatientaient dans les cours,
La grande canne enfin se dresse
Et fait résonner les tambours.

Casseroles et batterie,
Toute une cuisine en fer-blanc,
Sur le sac de l'infanterie
S'en va par les faubourgs, en rang.
Dans la capote bleue à l'aise,
Arme sur l'épaule, guêtré,
Le soldat suit la *Marseillaise*
Qui marche au pas accéléré.

Les fleurs sautent par la fenêtre
Sur les képys des fantassins,
Qui s'en vont pour toujours, peut-être...
Les bonnes pleurent leurs cousins.
Des gamins, poussés dans la rue,
Accompagnent, marquant le pas,
Les pelotons, et plus d'un sue
A porter l'arme des soldats

Le colonel est un vieux brave
Qui, tout en boutonnant ses gants,
Lance un coup d'œil narquois, mais grave,
Aux sous-lieutenants élégants.
Le sergent, frisant sa moustache,
Balance des airs conquérants.
C'est lui, lorsque le canon crache,
Qui sait dire : Serrez les rangs !

Au chemin de fer, la famille
Se suspend au cou du troupier.
On boit, on chante, on s'égosille,
On s'embrasse à s'estropier.
Un brave homme en blouse, qui pleure,
Dit en regardant s'éloigner
Un jeune soldat : « Tout à l'heure
On va rudement se cogner. »

En tout temps la France est venue,
Au cri des peuples opprimés,
Se poser la poitrine nue
En face des tyrans armés.
Sous César, jadis l'Italie
S'accrocha la France au côté ;
La France avec elle s'allie
Et lui promet la liberté.

Mai 1859.

L'ALOUETTE DU PEINTRE GAUTIER

———

Qu'a donc le peintre Gautier ?
Revient-il de l'autre monde ?
Ne sait-il plus son métier ?
Est-ce que Courbet le gronde ?
Ses lèvres n'ont plus d'accueil,
Même pour le doux sourire.
Une larme dans son œil
Ne cesse jamais de luire.

Son ami, le singe Arthur,
Ne fait plus de cabrioles.
Le perroquet d'un air dur
Roule d'amères paroles.
Pourquoi donc tout l'atelier
S'attriste-t-il de la sorte
Avec le peintre Gautier ?
C'est que l'alouette est morte !...

Il aimait tant cet oiseau
Auquel, sur la serinette,
Il apprenait un morceau
Ou l'air d'une chansonnette.
Un rayon parti des champs
Venait-il dorer sa cage,
L'alouette dans ses chants
Semblait rêver paysage…

Elle était heureuse alors ;
Le plumage de sa tête,
Tout à coup formant un corps,
Se dressait comme une aigrette.
Elle semblait, un instant,
Par ses ailes soutenue,
Planer sur le blé flottant
Et s'élever dans la nue.

Elle mangeait du millet
Dans la main de son bon maître,
Et jamais ne s'envolait
Quand il ouvrait la fenêtre.
Avec tous les animaux,
Elle était si bien unie,
Que, pas un jour, de gros mots
N'ont troublé leur harmonie.

On n'aurait pas pu l'avoir
Ni pour cent francs, ni pour mille,
Me disait Gautier, un soir.
Sa douleur n'est pas puérile.
Il faudrait être bien dur
Pour railler une allouette.
Les cœurs simples comme Arthur
Comprendront qu'on la regrette.

Un jour, Gautier s'en allant,
Porta la pauvre petite
Chez un ami bienveillant.
Il devait revenir vite.
L'alouette était encor
Plus aimante que son maître.
Son départ causa sa mort.
Elle se tua peut-être.

Gautier comprit tous ses torts
Et demeura morne en face
De ce pauvre petit corps
Déjà froid comme la glace.
Gâchet, un bon médecin,
Fut chargé de l'autopsie.
L'oiseau, dit-il, était sain ;
Il est mort d'apoplexie.

Les restes du cher oiseau
Furent déposés en terre,
Sous un cerisier fort beau,
Dans un jardin solitaire.
Trois dames ont accompli
Cette mission secrète.
Au pied du bel arbre on lit :
« Ici gît une alouette. »

Janvier 1860.

ADRIENNE

Musique de M. Arthur Kalbrenner.

Depuis fort longtemps on glose
Sur la femme et son amour
S'effeuillant comme une rose,
Changeant d'amant chaque jour.
Mademoiselle Adrienne
Est faite différemment,
Voilà son unique antienne :
Je n'aime que mon amant.

Quand le curé la gourmande,
Et lui dit : « Mariez-vous ;
Monsieur l'adjoint vous demande ;
C'est un modèle d'époux.
Il vous offre sa fortune,
Un fort joli traitement... »
Non, répond la jeune brune,
Je n'aime que mon amant.

Sa mère lui dit : « Ma fille,
Tu fâcheras tes parents ;
Tu délaisses ta famille
Qui t'ouvre ses bras tout grands.
Rentre à la maison, viens vite,
Obéis à ta maman. »
Jamais, répond la petite,
Je n'aime que mon amant.

Un monsieur chauve s'approche,
Chuchottant, l'air triomphant :
« Je t'aime, petite roche,
Allons, ne fais pas l'enfant.
Je te paie une toilette
Plus, un riche appartement. »
Merci, répond la grisette,
Je n'aime que mon amant.

Bientôt la belle Adrienne
Ne vivant plus que d'amour,
Vit sa robe d'indienne
L'abandonner à son tour.
Lorsque, seul, l'amour habille,
C'est d'un mince vêtement.
Elle chante, pauvre fille :
Je n'aime que mon amant.

Pour terminer la misère,
Son amant lui dit : « Demain,
En présence de ta mère,
Je te demande ta main.
Cette fin n'est pas mortelle,
On s'épouse en un moment. »
Point de mari, répond-elle,
Je n'aime que mon amant.

Mars 1860.

LES RUINES DU QUARTIER LATIN

Je suis médecin maintenant
Dans le département de l'Eure.
Mon gros ventre encore sonnant
Marquait quarante tout à l'heure.
J'ai suivi les cours de Paris,
A l'Ecole, et, j'ose le dire,
A la Chaumière, chez Lahire,
Où j'ai beaucoup, beaucoup appris.

J'ai voulu revoir, cet hiver,
Ce beau pays latin que j'aime.
Deux souffles du chemin de fer
M'ont envoyé sur le lieu même.
Mais jusque dans le firmament
Je cherche en vain la vieille rue
De la Harpe; elle est disparue,
Et le Prado pareillement.

Sur les débris de ma Cité
Je m'assis, songeant davantage
A ce héros souvent cité
Sur les ruines de Carthage.
Je cherchai, le soir chez Bullier,
Les petits bonnets de grisettes,
Les bérets blancs et les casquettes
Qu'on voyait souvent s'allier.

Les bérets sont en habit noir,
Les bonnets ont des crinolines.
Le cancan est allé s'asseoir,
Fuyant les danses anodines.
On a peur du municipal ;
Enfin, sans différence aucune,
C'est ainsi que dans ma commune
Monsieur le maire donne un bal.

Monsieur Bullier me remarquant
Cavalier seul, medit : « Jeune homme,
» Un soir, en dansant le cancan,
» La grisette vit une somme,
» Une somme assez forte en or,
» Musique de poche, laquelle
» Fit faire à la petite belle
» Un entrechat qu'on cite encor.

» C'était un monsieur très-bien mis
» Qui dirigeait cette musique.
» La grisette alors aux amis
» Fit un petit salut oblique.
» Sa robe d'indienne enfla
» Et fut changée en crinoline.
» Romainville, verte colline,
» Est un fort depuis ce soir-là. »

Plus de désintéressement ;
A Montmorency, plus un âne,
Plus de maitresse ni d'amant !
A l'estaminet l'amour flâne.
Le Quartier a mis un faux-col.
Je dois l'avouer, je préfère
Louviers, où je fais mon affaire,
Au boulevard Sébastopol.

Mars 1860.

LA DERNIÈRE MAITRESSE

Chauve et pensif, un vieux célibataire
Fixait un œil triste et pourtant malin
Sur le sommier de son lit solitaire,
Que l'amour prit autrefois pour tremplin.
Dans un brouillard défilait tout un monde
De femmes qui jadis l'avaient aimé.
Il essayait d'arrêter brune ou blonde,
Puis retombait dans son rêve, abîmé.

Se cramponnant en vain à sa jeunesse,
Il fit durer quarante ans ses vingt ans.
Enfin, un soir, il trouve une maitresse,
Et se remet à vivre l'ancien temps.
C'était Irma. La malheureuse fille,
Ne trouvant plus l'amour que sans le sou,
Voulait se pendre, et le pauvre vieux drille
Comme un barreau lui présenta son cou.

Depuis ce temps, à Meudon, à Versailles,
Chaque dimanche, il la promène au bois,
Où, se cachant derrière les broussailles,
Il fait : cou cou ! d'une petite voix.
En cabinet, dînant seul avec elle,
La main d'Irma sur sa tête, un genou,
Il happe au vol la bouchée à laquelle
Avaient touché les dents de son bijou.

Pour déguiser les odeurs de son âge,
Il est toujours blanc de poudre de riz.
D'eau de Cologne, il fit un tel usage,
Qu'il parfumait les passants à Paris.
Secrètement il mène son amante
A la barrière, ou chez Bullier au bal,
Et quelquefois, quand Irma le tourmente,
Il risque même un quadrille infernal.

Le vieux Jobard, à force de largesse,
A cette fille arrache une faveur ;
Il la repaie, et la belle s'empresse
De tout manger avec un beau coiffeur.
Elle veut même, afin d'être tranquille,
Et de ne plus revoir ce garnement,
Que le bon vieux donne un billet de mille
A ce garçon qu'elle avait pour amant.

Mais le coiffeur, ayant usé la somme,
Arrive un soir, gris comme un Polonais,
Et veut forcer le malheureux bonhomme
A lui prêter encore des jaunets.
Irma voudrait le calmer. Il s'emporte,
Donne des coups au vieux. La pauvre Irma
Dit : « Jetons-lui de l'argent et qu'il sorte ! »
Sur un baiser la porte se ferma.

Se ramassant, le vieillard dit : « Faussaire ! »
Puis à voix basse : « Est-ce qu'il est parti ?
Je vais aller me plaindre au commissaire. »
Irma répond : « A quoi bon, mon petit ?
Il est jaloux de ton bonheur, ce drôle,
Car il sait bien que je n'aime que toi. »
« — Soit, dit le vieux, en se frottant l'épaule,
Mais il aura du moins affaire à moi ! »

Finalement, la belle Irma s'envole.
Le vieux la cherche, et, quand il a compris,
Sur le carreau se roule et se désole,
En arrachant ses derniers cheveux gris.
Puis il mourut, pendant plusieurs années,
Voyant passer dans l'alcôve toujours
Des ossements, des femmes décharnées
Qu'il appelait ses anciennes amours.

Mars 1860.

TABLE

—

	Pages
Monsieur Rufin	7
Loulou	9
Dimanche	11
Adieu à un Ami	15
Un Atelier de Demoiselles	17
Amour d'Été	19
Madame Fontaine	23
Épithalame de Lison	27
Un Mariage dans les Blés	29
Effets de Printemps	33

Mimi dans le Parc de Versailles	37
A Titine	41
Les Rôdeurs de nuit	43
Le Nain de la Bouteille	47
Le Départ des Soldats	51
L'Alouette du peintre Gautier	55
Adrienne	59
Les Ruines du quartier Latin	63
Ma dernière Maîtresse	67

Paris. — Typ. Vert frères, 8, r. Pourtour-St-Gervais

www.ingramcontent.com/pod-product-compliance
Lightning Source LLC
LaVergne TN
LVHW020108100426
835512LV00040B/2049